Partito Sofiocratico

Potere alla conoscenza

Graziano D'Urso

2020

IL MANIFESTO SOFIOCRATICO

Il sistema politico ed economico della Sofiocrazia oggi.

"Abbi il coraggio di servirti

della tua propria intelligenza!"

Immanuel Kant

A Loriana:
che possa seguire i passi
della via della conoscenza

Il manifesto sofiocratico

Lulu.com, Morrisville, NC.

ISBN: 978-0-244-86461-3

Sommario

Introduzione

Questo *pamphlet* si rivolge ad un pubblico più ampio di quanto si possa immaginare: non è prerogativa di filosofi, o di politici, o di giuristi, o di economisti, questo piccolo libretto. Ma la sua stessa dimensione dimostra il desiderio d'esser agevole e interessante, rivolto a chiunque abbia amore per sé stessi e per la comunità a cui s'appartiene.

Non mancano argomentazioni di tali discipline, ma ciò non dev'esser d'ostacolo alla comprensione del semplice contenuto.

Viene rilevato un problema, ed ad esso viene proposta una onesta soluzione.

Il testo di questo manifesto è percorso da idee, pensieri, scienza, filosofia, economia e diritto, ma tutto quanto è spiegato al dettaglio e nulla è lasciato alla temperie del caso.

Si tratta dell'individuare quella miglior forma di Governo che Winston Churchill non vedeva nella Democrazia, ma che dalla Democrazia non può prescindere: un'equa ed efficiente soluzione al problema della sovranità popolare, alla divergenza d'idee tra la *Sanior Pars* e la *Maior*; per alcuni una mera curiosità teorica, per altri uno spunto per una riforma sociale che coinvolga la mente d'ognuno dei cittadini di un Paese libero e democratico; una riforma che mutua la sua matrice dalla Filosofia, che attraversa l'analisi economica, che tange il Diritto, che scomoda la Storia.

Il *Manifesto Sofiocratico* conia nel lessico e nella letteratura politica e filosofica una nuova teoria di forma di Governo, una nuova ottica, un nuovo fuoco d'onde concepire una sovranità obiettivamente migliore, a scanso d'equivoci, nell'assoluto rispetto della dignità umana, dell'uguaglianza, dei principi fondamentali internazionali, della libertà d'espressione e del libero pensiero.

Non si tratta di sostituire la Democrazia, la più grande invenzione del pensiero occidentale, ma di integrarla con nuovi criteri di merito, con certezza migliorativi.

Questa certezza è suffragata dalla stessa filosofia sulla quale giace, si fonda e si alimenta la Democrazia: da essa parte, ed in essa s'esaurisce.

La condizione della comprensione di questo orientamento di pensiero non può ch'essere l'illuminata flessibilità mentale richiesta al lettore, e questo *transfert* è indispensabile al che si utilizzi questo Manifesto come delucidazione d'alcune variazioni di lungo periodo nell'evoluzione sociale della nostra tradizione storica, filosofica e giuridica.

L'intento coincide con la dimostrazione che la *Conoscenza* scientifica migliora la vita di ciascuno di noi, e, ribadendo che alla *Conoscenza* non può porsi mai fine, alcun termine è imponibile al miglioramento sociale.

La crescita o la decrescita del tasso marginale del miglioramento sociale non è inversamente proporzionale ovvero a tendenza logaritmica alla *Conoscenza*, ma ad essa sempre esponenziale.

In conclusione di questa compendiata introduzione si rinnova al lettore una richiesta che Immanuel Kant fece ai lettori d'un periodico nel 1784 in occasione della interrogazione su cosa fosse l'illuminismo: « *Illuminismo è l'uscita dell'uomo dallo stato di minorità che egli deve imputare a se stesso. Minorità è l'incapacità di valersi del proprio intelletto senza la guida di un altro, Imputabile a se stesso è questa minorità, se la causa di essa non dipende da difetto d'intelligenza, ma dalla mancanza di decisione e del coraggio di far uso del proprio intelletto senza essere guidati da un altro. Sapere aude! Abbi il coraggio di servirti della tua propria intelligenza! È questo il motto dell'Illuminismo.* »

10 Ottobre 2011 Graziano D'Urso

CAPITOLO PRIMO

1. Principi di Sofiocrazia

Premessa

"Potere al popolo!" ... E' innegabile che questa affermazione abbia sfiorato i pensieri delle menti democratiche più illuminate di tutti i tempi; ma è anche vero che nella storia solo raramente si è potuti giungere a rappresentazioni ottimali di questa forma di potere; e poi cosa si vuole intendere con "Potere al popolo"?

La democrazia è la massima espressione del bene umano, dell'intelligenza, della compassione: riconoscere innanzitutto se stessi come un "io" pensante, e poi riconoscere a tutti gli altri esseri umani la stessa qualità, con medesime facoltà, medesime possibilità, medesime potenzialità, medesimi diritti, medesimi poteri, medesime immunità, medesimi bisogni, medesimi difetti.

La democrazia è non solo una forma di governo convenzionalmente configurata dalle scienze politiche o dalla giurisprudenza, ma anche un'aspirazione di tutti coloro che una volta raggiunto un certo livello di coscienza hanno desiderato con tutte le forze vivere in una società impiantata sulla solidarietà, l'eguaglianza (formale e sostanziale), la comunanza, la fratellanza, e la pace.

Tutte queste belle parole non avrebbero fondamento se non fossero saldamente impiantate sulla giustizia storicamente e universalmente riconosciuta; ed il problema delle democrazie è appunto quello del relativo rapporto con la giustizia: una democrazia è tale se universalmente accettata come ottimale, e vessillo dei valori detti sopra.

Non ci sorprende quindi che molte delle dittature della storia moderna sono nate come democrazie; ed il catalizzatore delle degenerazioni di potere è proprio la rappresentanza a discapito della attività diretta dell'esercizio del potere ad opera del popolo; rappresentanza parlamentare o rappresentanza totalitaria (risultato della teoria Schmittiana), è pur sempre una rappresentanza.

Già in passato si è teorizzato sulla democrazia diretta (v. Rousseau), e si è giunti alla medesima conclusione che un governo del genere, il quale attribuisca il potere esecutivo mediante referendum (non solo abrogativo ma anche legislativo) al popolo, è plausibile solo per quei governi che vedano come governati i cittadini di uno Stato non più grande di una città, o di una piccola isola (si pensi alle opere politico-letterarie utopistiche). Si deduce che per un grande Stato necessita una democrazia rappresentativa; se poi questa fosse parlamentare sarebbe ancora meglio.

S. A. Kierkegaard ci ha fatto capire che la massa è un animale irresponsabile ed immaturo, incapace di opere di genio, e che solo il singolo è capace di atti di questo genere. La massa però è quella che è posta ad eleggere i rappresentanti ed il governo, chiamata a votare coloro i quali verranno posti all'amministrazione della medesima.

Sofiocrazia rappresentativa parlamentare

Uno Stato, per raggiungere i massimi livelli di governo, amministrazione, e in tutti i campi in generale, dovrebbe porre alla base di tutto un principio non democratico, ma sofiocratico; lungi dal voler apparire un antidemocratico, voglio intendere con sofiocrazia una democrazia mossa dalla conoscenza, dalla scienza, dal sapere, e dall'utilizzo profondo della logica e dell'intelletto.

Lo scopo di una sofiocrazia innanzitutto quello di porre alla rappresentanza degli individui "idonei" e totalmente capaci e coscienti delle loro azioni, dei loro atti, delle loro proposte legislative, dei loro provvedimenti; ovviamente eletti da un popolo "idoneo" ad eleggere in quanto cosciente della decisione intrapresa.

Per aversi uno stato siffatto necessiterebbero tre provvedimenti d'ordine costituzionale:

1 - Innanzitutto far sì che lo Stato, sul principio sofiocratico, dia la possibilità all'intero popolo di essere "idoneo" ad eleggere, mettendo a disposizione a tutti a costo zero la scuola pubblica, convergendo in essa (al Ministero della pubblica istruzione, dell'Università e della Ricerca) il maggior quantitativo di fondi possibile, ed oltre! Lo scopo è quello di organizzare un popolo colto e cosciente delle scelte da prendere con il voto, studiando diritto, filosofia e soprattutto storia, per far comprendere l'organizzazione dello Stato e degli Stati, il pensiero dell'uomo e le idee delle più geniali menti della storia, e gli errori del passato per evitarli e per costruire una società sempre migliore.

Ognuno dovrebbe avere la possibilità di studiare gratuitamente, o di pagare somme minime proporzionali al reddito: con reddito zero, spese zero!

Ognuno dovrebbe avere la possibilità di ottenere un valido titolo pubblico di studio quale la Laurea, ed aspirare alle cariche rappresentative del popolo.

2 - Il secondo provvedimento attiene al diritto elettorale passivo: si dovrebbe intervenire per imporre dei prerequisiti inderogabili per la candidatura e l'elezione alla carica di Deputato ed alla nomina di Ministro: il Deputato per essere tale deve avere un valido titolo di studio pubblico che gli dia la massima preparazione per la carica che ricopre e per le funzioni che esercita: Laurea in Giurisprudenza; il Ministro per gli stessi motivi, oltre ad avere un valido titolo di studio pubblico di Laurea in Giurisprudenza, deve avere un altro titolo di studio pubblico, legato però all'ufficio ministeriale che ricopre, con un'abilitazione relativa all'esercizio professionale di quello studio e un numero minimo di anni di pratica, sospeso però da tale esercizio professionale nel periodo di carica per motivi politici (p.es.: Ministro della Salute laureato in Giurisprudenza e Medicina; Ministro della Pubblica Istruzione laureato in Giurisprudenza e Lettere; Ministro della Difesa laureato in Giurisprudenza e Scienze Strategiche). Ovviamente la laurea può essere sostituita con un'altra laurea della

stessa disciplina idonea a surrogarla (si pensi a Scienze Politiche o Giuridiche per Giurisprudenza, oppure si pensi a Storia e Filosofia per Lettere, e così via).

3 - Il terzo provvedimento attiene al diritto elettorale attivo: sulla base di quanto detto, premesso come valido ed effettivo il primo provvedimento, ed ammesso il secondo, il terzo prevede la modifica dei prerequisiti per la titolarità del diritto elettorale attivo. Bisognerebbe sostituire il prerequisito d'età (18 anni per il voto della camera dei Deputati e 25 anni per il voto del Senato), con un prerequisito attinente alla titolarità di un valido titolo di studio pubblico, rispettivamente di maturità generica (diploma di scuola superiore di secondo grado) e di Laurea (quinquennale o specialistica) generica purché pubblica.

Se apparentemente questa conformazione politica potrebbe suggerire una assenza di democrazia (per la configurazione elitaria dei prerequisiti) si risponde in primo luogo con il primo provvedimento, senza il quale sarebbe impensabile una società sofiocratica, in quanto tutti (anche i nulla tenenti) dovrebbero avere la possibilità di divenire Ministro (o di possederne i prerequisiti), in secondo luogo si risponde guardando il naturale corso degli eventi che porta l'intera popolazione ad avere un valido titolo di studio pubblico.

Uno Stato così organizzato non potrà mai permettere rappresentanti incapaci, incompetenti, imperiti.

2. Logo della Sofiocrazia

Il logo della Sofiocrazia, e quindi anche del partito sofiocratico, contiene l'immagine di una civetta, la c.d. nottola di Minerva, simbolo per eccellenza della conoscenza e della filosofia[1].

La scelta del simbolo della filosofia come stemma di questo orientamento politico non è casuale: la Sofiocrazia in quanto potere affidato alla conoscenza non può prescindere dallo stesso studio ed amore dello scibile: quindi filosofia *lato sensu*.

Per secoli col termine filosofia non veniva indicato il solo studio umanistico del pensiero umano, ma anche qualsiasi altra Scienza. Ed è proprio in questo senso più ampio che viene inteso dalla Sofiocrazia l'amore per la conoscenza.

3. Potere alla *Conoscenza*!

"Potere alla conoscenza" è proprio il motto di una Sofiocrazia e di ogni pensiero dotto e di scienza. Una sovranità siffatta avrebbe come scopo la diffusione universale dei più alti livelli di cultura e di conoscenza, di umanizzazione e innalzamento dello spirito della popolazione.

Lo Stato sorretto non già dal popolo, ma dalla popolazione; il nazionalismo a sfondo politico verrebbe vietato per legge costituzionale. L'elettore sarebbe il residente colto e non già il cittadino.

---

1 Gli occhi e il becco seguono la linea della lettera ϕ (fi) simbolo alfabetico greco della filosofia e in seguito della sezione aurea. Lettera che accomuna quindi, armonia, bellezza e amore per la conoscenza e per la ricerca in senso lato. (in Ubaldo Nicola, Antologia di filosofia. Atlante illustrato del pensiero, Giunti Editore p.354; Mario Livio, La sezione aurea, Milano, Rizzoli 2003; Rocco Panzarino, Dio Sezione Aurea Bellezza, Collana di Filosofia Sapientia 10, Fasano, Schena editore 2005. Sul valore simbolico della "ϕ" cfr. anche Jacques Lacan Escritos Vol.2, Siglo XXI p.783)

L'ignoranza, la volgarità, l'imperizia, l'imprudenza, la negligenza, sarebbero i mali principali da estirpare, gli stessi mali che cagionano il Male, l'odio, la discriminazione, il razzismo, il classismo, il nichilismo, il negativismo, l'antigiuridismo: l'individuo con questo marchio sarebbe nemico dello Stato.

Ovunque sorgerebbero accademie, università, scuole, musei, biblioteche, pinacoteche, scavi archeologici, laboratori di ricerca, etc.

La lingua dello Stato sarebbe la Filosofia! Le altre discipline magne sarebbero: Storia, Psicologia, Antropologia, Antroposofia, Teologia, Teosofia, Filologia, Sofiologia, Sociologia, Diritto, Politica.

Una società siffatta produrrebbe senza sosta le più geniali menti illuminate di sempre! Bisogna sviluppare l'etica, la morale, la solidarietà, il bene puro, l'amore verso il prossimo, verso la comunità, verso la popolazione.

Lo Stato non sarebbe un sistema chiuso, ma un ente territoriale ed aperto ad una federazione planetaria.

La moneta sarebbe popolare e non appartenente alle banche private, così abolendo il "signoraggio", creando così il credito pubblico, appartenente alla popolazione e non ai privati (anzi che il debito).

Come nel risorgimento i parlamentari non avrebbero reddito: avrebbero un gettone di pubblico onore all'impegno sociale minore di un quarto della capitalizzazione annua dell'attuale reddito di un parlamentare. Così anche i Ministri, i Senatori, e le altre grandi cariche. I nostri sarebbero rappresentanti e non strapagati egoisti scandalistici.

La sovranità apparterrebbe alla conoscenza, allo scibile, alla tecnica, alla ricerca, al progresso tecnologico, meccanico, medico, scientifico.

4. *Maior aut Sanior Pars*?

Winston Churchill affermò che la democrazia fosse il peggior sistema di governo, ma che a suo avviso ancora non ve ne era stato inventato uno migliore. Cos'è la democrazia se non quel potere di scelta proprio di tutti coloro i quali siano in grado d'intendere e di volere senza distinzioni di età o maturità psichica, formazione o istruzione, sesso od orientamento sessuale, razza od etnia, lingua o nazionalità, religione o credo, cultura o pensiero, idee od opinioni politiche, filosofiche, sindacali, etc.? Un potere di scelta, finanche della propria vita (Si veda p.es.: il Diritto Penale).

In un paese democratico le scelte vengono realizzate sulla base di maggioranze, semplici o qualificate, ma pur sempre maggioranze. La maggioranza è la c.d. *maior pars*. Già dai primi secoli del diritto, come per esempio nei primordi della Chiesa Cattolica questa modalità di delibera collegiale venne assunta, senza porre il problema se la *maior pars* (parte più grande) fosse anche la *sanior pars* (parte più sana), la parte più capace ad adottare una determinata scelta. Ad oggi, dopo secoli, millenni, di storia questo problema non è stato risolto.

E' giustissimo che una decisione che inerisca ad una comunità, ad una società, ad un popolo, debba essere assunta sulla base di una votazione a suffragio universale e diretto (o rappresentativo), ma sarebbe una scelta che non farebbe altro che proiettare nella delibera la qualità degli elettori attivi. Con questo s'intende dire che un intera comunità che ha orientamenti razzisti e xenofobi, o omofobici e antiegalitari (la Storia ce lo ha dimostrato) non può che adottare delibere che abbiano come contenuto questi orientamenti (Si ricordi che il Terzo Reich è stato voluto democraticamente dall'allora Germania nazista).

La *sanior pars* consisterebbe in quel distillato dell'intera comunità capace invece di adottare le delibere più sane, più giuste e corrette. Soren Aabye Kierkegaard riteneva che l'intelligenza, la prudenza, la conoscenza, la capacità di scelta più sana appartenessero al singolo, e non già alla massa, in quanto la folla sarebbe stata ignorante, dovendola considerare come un essere irrazionale, incapace di prendere decisioni ponderate. Ma il problema che si staglia all'orizzonte di questo orientamento sarebbe la modalità di individuazione di questo distillato, di questo fascio di singoli, di questa *maior pars*.

Per risolvere il problema innanzitutto si deve abbandonare la nozione di distillato, la quale non farebbe altro che realizzare un'apologia dell'aristocrazia o dell'oligarchia. Il secondo passo sarebbe trovare il meccanismo di evoluzione della *maior pars* in *sanior pars*, in modo da non allontanarsi dalla democrazia.

Come far coincidere la *maior pars* con la *sanior pars*?

Puntando tutto sulla Pubblica Istruzione, sull'Università, sulla Ricerca, ponendo l'obbligo dell'istruzione, e ponendo una barriera all'elettorato attivo e passivo che non sia passato per l'istruzione scolastica ed universitaria nei suoi vari livelli. Ecco che entra in gioco il sistema della Sofiocrazia.

Un Governo che togliesse fondi alla Pubblica Istruzione,

regionale, che devono farsi garante del sistema sofiocratico per aver la miglior democrazia: a buon diritto potrebbe dirsi che la miglior democrazia e la sofiocrazia coincidano.

E' ovvio che la sofiocrazia non sarebbe la soluzione definitiva a tutti i mali, in quanto sarebbe soluzione in fieri: una continua officina, un continuo laboratorio ove incrementare la qualità della democrazia, e farla divenire sempre più sana.

5. Perché la Sofiocrazia?

Partendo da un sottoparagrafo di un manuale di Economia Politica [*Economia* Terza Edizione (2008) – David Begg, Stanley Fischer, Rudiger Dornbusch – Parte Terza (Economia Normativa), Capitolo 17 (Economia del Settore Pubblico), Paragrafo 2 (La Spesa pubblica in un'economia di mercato) , Pagg. 318-319 (Beni meritori e beni non meritori)][1], nel contesto dell'operato d'un ordinamento giuridico (sia esso nazionale o sovranazionale) alla ricerca di una *sanior pars* che sia anche *maior**[2]***, viene fra queste poche righe dimostrata la motivazione e la necessità della Sofiocrazia.

"Esempi di beni meritori sono la cultura, l'educazione, la salute. Esempi di beni non meritori sono le sigarette e la droga. La società associa a ciascuno di questi beni differenti giudizi di valore o meritori età. E' possibile che i giudizi individuali portino ad un'allocazione delle risorse di questi beni ben diversa da quella che la società, nel suo complesso, desideri.

I beni meritori generano spesso esternalità. Un'istruzione di qualità non aumenta la sola produttività del singolo individuo, bensì anche della squadra della quale tale individuo fa parte. Spesso s'ignorano le esternalità derivanti dall'istruzione di qualità. Se i singoli fuggono dal faticoso ed oneroso perseguimento di un'istruzione di qualità, lo Stato deve incoraggiare ed incentivare l'educazione.

Al contrario, se i fumatori ignorano l'aggravio di spesa sanitaria che generano danneggiando la propria salute e quella altrui (per il cosiddetto fumo passivo), lo Stato può limitare le esternalità negative derivanti dal fumo tassando le sigarette.

Bisogna, peraltro, che lo Stato induca la società a riflettere su che cosa è utile e su che cosa è disutile. Lo stato dovrebbe indurre i cittadini a meglio comprendere e selezionare cosa è bene per loro. Per quanto gli economisti non si appassionino incondizionatamente *al paternalismo, lo Stato è spesso più informato del singolo cittadino di quali possano essere i vantaggi di una buona educazione o di una buona respirazione. Insomma, molti ragazzi preferirebbero non andare a scuola… ma per fortuna c'è l'*obbligo formativo*!*

E' giusto e meritorio che lo Stato spenda per la cosiddetta istruzione dell'obbligo e per le vaccinazioni obbligatorie poiché, altrimenti, molte persone si pentirebbero – ex post - di non aver voluto raggiungere un certo standard formativo e di salute.

I beni meritori (non meritori) sono beni che la società ritiene giusto (non giusto) vengano prodotti a prescindere dai giudizi individuali."

L'idea cardine dell'orientamento sofiocratico risiede nella realizzazione di un sistema ove i beni meritori vengano imposti *ex lege*, e che con altrettanto vigore vengano vietati i beni non meritori. Se l'istruzione propedeutica (Scuola Media Superiore) educa individualmente alla cosiddetta "maturità", e se la "maturità" genera esternalità positive data la sua natura meritevole, è indispensabile che tale istruzione venga imposta per legge obbligatoria.

L'obbligo dovrebbe essere sigillato e consolidato con un vincolo di natura civica, quale il diritto di voto. Si badi dal non fraintendere questo passaggio: con l'avvento del sistema sofiocratico l'elettorato attivo non si riduce ai soli dotati di titolo di studio medio superiore (come se l'insieme degli elettori fosse in numero inferiore rispetto ai maggiori d'età), ma tutti gli elettori (cioè i maggiori d'età) sono dotati di titolo di studio medio superiore.

Posto che l'ignoranza è un bene non meritorio, generante esclusivamente esternalità negative (individualmente, socialmente, politicamente, etc.), l'ignoranza non può che essere vietata. Il divieto all'ignoranza consiste nell'obbligo formativo. L'ignoranza dolosa, ovvero l'elusione o l'inadempimento dell'obbligo formativo, devono essere perseguiti a norma di legge. La sanzione più ovvia è innanzitutto l'esclusione dall'elettorato attivo.

Ma poiché non permettere a tutti di potersi esprimere politicamente sarebbe antidemocratico ed antiegalitario, lo Stato deve porsi come obiettivo primario far coincidere i maturati con l'elettorato attivo, e non viceversa.

La spesa pubblica dev'essere in questo modo posta (per grandissima parte) in direzione dell'istruzione, a tal punto da garantire il Diploma (se non la Laurea) a tutti gli elettori attivi (nonché cittadini).

Ma prevedere comunque la possibilità di escludere dal voto quell'isolato caso d'inadempienza è pur sempre una magra consolazione a fronte del raggiungimento della *sanior pars*, poiché non si rispetterebbero talora i principi democratici. Pertanto la divulgazione della conoscenza, dell'educazione e dell'istruzione dev'essere penetrante e capillare.

L'ignoranza è un costo che la società non può più permettersi: l'internalizzazione delle esternalità negative ad essa legata non sono una soluzione onesta. E' necessario un intervento paternalistico (come dice il testo *supra*) d'estirpazione sofiocratica. Non basta l'istruzione obbligatoria. Deve essere coercitiva. Dev'essere cogente,*condicio sine qua non* per le libertà civiche. La libertà di espressione politica (quella che indirettamente vincola la vita di ciascuno di noi, poiché delibera sociale, scelta popolare) deve essere subordinata alla conoscenza certificata dallo Stato. La missione egalitativa sostanziale non deve lasciare spazio ad eccezioni (generanti altrimenti antidemocrazia e discriminazione). La voce della conoscenza dev'essere unanime, dev'essere di tutti.

6. Intervento dello Stato

Il sistema economico di un Paese che sia costituzionalmente organizzato in Sofiocrazia non potrebbe mai prescindere dall'intervento governativo in tutti quegl'ambiti in cui i singoli individui, lasciati alla "mano invisibile", eluderebbero la meritorietà dei più importanti beni.

Uno di questi beni meritori, chiamato qui per l'appunto *Conoscenza*, si compone di: istruzione, cultura, arte, musica, educazione scolastica, universitaria, accademica.

Se i principi fondamentali di un tale sistema prevedono che il "Paese promuove lo sviluppo della cultura e della ricerca scientifica e tecnica ponendolo come obbiettivo principale della forma di governo, tutelando il paesaggio ed il patrimonio storico ed artistico della nazione", lo Stato in questione deve farsi monopolista della certificazione del valido titolo di studio (che deve essere pubblico e rigoroso).

Pur non vietando la preparazione da parte dei privati, ad essi non può essere lasciata anche la certificazione d'idonea*Conoscenza*. Solo lo Stato, l'ente dotato della sovranità, dev'essere capace di garantire la Maturità o la Laurea, o altro titolo superiore. Lo Stato deve garantire, secondo criteri di proporzionalità, che anche i meno abbienti possano raggiungere i più alti livelli d'istruzione gratuitamente con sussidi pubblici vincolati e vincolanti: borse di studio, assegni agli studenti ed altre provvidenze. L'istruzione inferiore e superiore, impartita per almeno sedici anni, dev'essere obbligatoria e gratuita.

Ognuno, anche se privo di mezzi, ha diritto di raggiungere i gradi degli studi universitari, accademici, e delle istituzioni di alta cultura, nonché dottorati di ricerca.

L'intervento statale nell'istruzione a qualsiasi livello dev'essere capillare e ineccepibile, perché solo dopo che gli individui abbiano acquisito i più alti livelli di conoscenza capiranno l'importanza di un tale operato, e comprenderanno la meritorietà di un tale impegno.

Un Paese, i cui cittadini sono dotati tutti d'un titolo d'alta cultura, avrà governi eletti con scelte (voti) d'alta cultura, e la *Conoscenza* del Paese sarà direttamente proporzionale alla qualità del voto espresso, il quale si traduce nella meritorietà del Governo. Un Governo scelto secondo criteri sofiocratici non potrà che essere il migliore scientificamente parlando.

Chiunque, oltre alle discipline scolastiche, universitarie ed accademiche, siano esse scientifiche, tecniche, umanistiche, musicali, militari, deve conoscere il Diritto, l'Economia, la Storia, La Filosofia e l'Arte: poiché è indispensabile che si conoscano le regole della coesistenza sociale ed ambientale, le regole dell'allocazione delle risorse scarse, le regole per non commettere nuovamente gli errori che hanno macchiato il nostro passato, le regole etiche, morali, religiose e sociali per non commettere errori nel nostro futuro, e le regole con le quali comprendere il messaggio che i nostri predecessori han voluto lasciarci, e con le quali comunicare con i nostri successori.

La Sofiocrazia innesta nella mente d'ogni individuo l'obbligo morale e filosofico, etico e giuridico, di matrice filantropica, altruistica e fichtiana, di divulgare, estendere, diffondere, propagare la *Conoscenza*, di mostrare agli altri io-pensanti la verità scientifica, di squarciare *il velo di Maya*, di *tirare fuori dalla grotta gli schiavi incatenati*, di rivelare il noumeno, di eliminare le *lenti azzurre* kantiane, di chiarificare l'*es,* di comunicare l'altro nel nome di un fine superiore che coincide con la migliore coesistenza, con la migliore organizzazione, con la migliore comunità, con la migliore società, trattando il prossimo sempre come fine a mai semplicemente come mezzo.

Su queste basi, se la democrazia conferisce il volere medio dei cittadini al Governo, la sofiocrazia ne conferisce il volere più giusto dei cittadini. La *Sanior pars* coinciderebbe con la *Maior*, ed il Paese non vedrebbe più Governi indegni, incapaci, non meritori. La Sofiocrazia sarebbe una spirale crescente, esponenziale, d'infinito miglioramento, per una società d'ogni punto di vista meritorio migliore, prodigale e propensa sempre all'equità, all'efficienza, al progresso scientifico e tecnico.

7. Soluzione Sofiocratica

L'oggetto del problema che affronterebbe il sistema sofiocratico sarebbero da ricercare nell'assenza d'istruzione, di cultura, di educazione, di studio, di ricerca, alfabetizzazione.

Ecco qui alcune stime ISTAT sull'analfabetismo in Italia da Wikipedia:

"Secondo i dati pubblicati nel 2005 da una ricerca dell'Università di Castel Sant'Angelo dell'UNLA (Unione Nazionale per la Lotta contro l'Analfabetismo), quasi sei milioni di italiani sono totalmente analfabeti. Rappresentano il 12% della popolazione contro il 7,5% dei laureati. L'Italia è fanalino di coda fra i 30 Paesi più istruiti. Solo il Portogallo e il Messico hanno un tasso più elevato. La ricerca, intitolata *La Croce del Sud - arretratezza e squilibri educativi nell'Italia di oggi*, è stata condotta da Saverio Avveduto e pubblicata dall'Università di Castel Sant'Angelo dell'Unla. Senza alcun titolo di studio (o in possesso della sola licenza elementare) è invece il 36,52% della popolazione, circa 20 milioni sui 53 censiti nel 2001. Questa popolazione è considerata dalla ricerca come *ana-alfabeta*, cioè *del tutto* analfabeta o *appena* alfabeta. Questa situazione è stazionaria da 10 anni.

Il record negativo di 13,8% è in Basilicata e ci sono nove altre regioni al di sopra dell'8%, limite considerato di allarme:

- Calabria 13,2%
- Molise 12,2%
- Sicilia 11,3%
- Puglia 10,8%
- Abruzzo 9,8%
- Sardegna 9,1%
- Umbria 8,4%

Secondo l'ISTAT i dati sarebbero diversi perché diversi sono i criteri utilizzati nel definire la condizione di analfabetismo. L'Istituto Nazionale di Statistica precisa che, in base ai dati del censimento della popolazione riferiti al 2001, il numero di analfabeti è pari a 782.342 unità[7]."

Gli scopi della Sofiocrazia sono:

- Eliminare l'*ana-alfabetismo* (come la ricerca considera l'assenza di alfabetizzazione e di scolarità) attualmente del 36,52% della popolazione.

- Far coincidere la maggiore età con la maturità scolastica, portando il tasso di analfabetismo al 0%.

- Invitare con Borse di Studio, Assegni agli Studenti ed Altre Provvidenze, tutti i cittadini al conseguimento del titolo di Laurea, sollevando ad oltre il 70% la percentuale di Laureati sui Diplomati.

- Inserire in ogni Scuola Superiore, Liceo o Istituto Tecnico le seguenti discipline se non presenti: Diritto, Economia, Filosofia, Storia, Arte.

All'interno di un Paese i cittadini hanno il potere di esprimersi con il voto. Il voto è una scelta che l'individuo-cittadino compie sulla base delle proprie convinzioni. Queste convinzioni posso essere a volte la risultante di idee politiche, orientamenti filosofici, posizioni microeconomiche normative, motivazioni finanziarie, timori, Storia. Altre volte non sono il frutto di nulla di quanto sopra, ma convinzione di propaganda, favori, clientelismi, o altro.

Se l'individuo-cittadino può vantare sedici anni di scolarità, si esprimerà con un voto il quale è la risultante di sedici anni di studio scolastico elementare, medio inferiore, e medio superiore. Chi non è dotato di questa scolarità, non è capace di metabolizzare la scelta con quegli enzimi che sono lo studio Storico, Giuridico, Economico, Filosofico, etc.

Cosciente dell'insegnamento di Luwig Feuerbach, ma in tutt'altro argomento ed ambiente, non può non affermarsi che *l'uomo è ciò che vota!*

L'individuo-cittadino frequentemente (se non quasi sempre) non conosce né il programma di Governo della lista o partito per il quale ha espresso la preferenza, né sa orientarsi sull'affidabilità e la credibilità d'un tale programma politico, né la realizzabilità di tale programma, né le effettive condizioni economiche del sistema economico-Paese in cui si trova ad essere cittadino, né è dotato degli strumenti giuridici, economici, storici, filosofici, politici per poter leggere l'effettiva realtà di un Paese e del suo sistema economico.

La trasparenza è la matrice della Sofiocrazia, ed è necessario che questa non sia solo formale, ma sostanziale: non è sufficiente che questi dati siano resi pubblici, è indispensabili che i cittadini siano dotati degli strumenti per poter leggere e comprendere tali dati di natura giuridica ed economica.

La disinformazione, o l'assenza totale di informazione è d'addebitarsi all'operato del Governo, lo stesso Governo che sia eletto da individui-cittadini che, non coscienti dell'importanza dell'informazione, non sono stati dotati da Governi precedenti degli strumenti per comprendere tale meccanismo a spirale, che non altro che un circolo vizioso a tendenza logaritmica. La Sofiocrazia colpisce al cuore la disinformazione con obbligo formativo di sedici anni di scolarità, comprese le discipline su esposte, incentivando allo studio universitario ed accademico, nonché di ricerca e sviluppo.

Più insegnamento, significa non solo più cultura ma anche più posti di lavoro (docenze), nonché sviluppo scientifico e tecnico che porta a maggior PIL, e maggior ricchezza. Basta analizzare i dati legati alla alfabetizzazione ed alla scolarità con quelli del Prodotto Interno Lordo.

8. La Spirale sofiocratica

Con la locuzione metaforica di *spirale sofiocratica* vuol intendersi il coacervo d'effetti positivi a tendenza esponenziale che la scienza economica chiama "economie di scala", che il sistema sofiocratico conoscerebbe a partire dalla sua arché. Ecco una definizione dell'oggetto di discussione in questione: "La locuzione **economie di scala** (*economies of scale*) è usata in economia per indicare la relazione esistente tra aumento della scala di produzione (correlata alla dimensione di un impianto) e diminuzione del costo medio unitario di produzione. Alla base di economie di scala vi possono essere fattori tecnici, statistici, organizzativi o connessi al grado di controllo del mercato."

La Sofiocrazia conoscerebbe un rendimento di beni meritori, oltre che economico e (soprattutto) politico, esponenziale a seguito del suo calcio d'inizio: all'aumentare dell'investimento in cultura, educazione ed istruzione, i rendimenti realizzati crescerebbero di una misura superiore alla misura d'investimenti impiegata.

L'ambito che conoscerebbe maggiori benefici sarebbe quello intellettuale: un elettorato attivo più edotto, più istruito, più acculturato, maggiormente sensibile, maggiormente intuitivo, maggiormente intelligente, suffragherebbe un Governo votato all'incremento dell'istruzione, ed una legislatura chiamata alla crescita scientifica e tecnica, decretante l'uno e legiferante l'altro sistemi di crescita culturale dell'elettorato attivo, che, a sua volta, eleggerebbe rappresentanti ancor più sensibili a tali interessi di natura (*lato sensu*) filosofica.

Bisogna solo comprendere quale meccanismo inneschi la spirale sofiocratica, quale sia la scintilla primordiale di questo rinnovamento illuminato del sistema giuridico che è lo Stato, quale il colpo d'avvertimento dell'inizio della corsa verso la ricerca della *Conoscenza*.

Una riforma giuridica (e sociale) di questa portata non può che aver origine da un momento che è estraneo allo stretto diritto, al diritto puro. Questo momento dev'essere di rango politico e non giuridico. Il diritto non potrebbe prevedere una rivoluzione sofiocratica se non con l'elezione di un Partito Sofiocratico (suffragato dal volere del popolo, da un popolo che senza i giusti incentivi non può comprendere i benefici della Sofiocrazia, e quindi ad oggi inesistente) che abbia la maggioranza in riforme di rango costituzionale, cioè che colpiscano la norma fondamentale di uno Stato.

La norma fondamentale è un'ipotesi logica dell'esistenza di un momento primo. Si pensa all'idea di Dio poiché pensiamo che ci sia stato un inizio, che ci sia un ordine e che nulla sia casuale. La norma autorizzante è una norma in bianco a creare norme di rango ordinario. Thomas Hobbes crede che l'inizio del diritto sia il contratto sociale, ma secondo Hans Kelsen ciò è tutta una finzione: il momento fondativo può essere anche verosimilmente una guerra civile, ma lungi dal voler porre a capo sistema sofiocratico un conflitto! Secondo Kelsen c'è stato un atto politico: guerra, rivoluzione, etc. Ma a mio dire, il momento politico può trovar fioritura anche in una petizione popolare, in un *referendum*, in una elezione di un partito nuovo, un Partito Sofiocratico.

La volontà fondazionale d'uno Stato sofiocratico è il tesoro più prezioso che la società e la cultura occidentale possa scoprire sul piano politico ed intellettuale: la rivelazione, l'epifania ufficiale, l'alba senza tramonto della *Conoscenza.* L'autostrada del benessere sociale si chiama Sofiocrazia.

9. Formazione professionale

E' complicatissimo nodo da sciogliere quello della formazione professionale all'interno del sistema Sofiocratico, e datone il particolare spessore sociale non puòsi eludere siffatta argomentazione, la quale dev'essere affrontata nella guisa più pacifica e serena.

Come trovare un punto di congiunzione tra il lavoro e lo studio – o meglio -, come contemperare interessi lavorativi in età adolescenziale con l'interesse sofiocratico della maturità scolastica e della laurea?

La formazione professionale è compatibile coll'obbligo formativo di ciascuno dei cittadini fintantoché questo non impedisce il conseguimento almeno del titolo di studio medio superiore.

Ad oggi, nell'ordinamento italiano (armonizzato a sua volta nella politica globale dell'Unione Europea) esistono tre forme di contratto di lavoro per apprendistato.

Per l'argomento in esame è opportuno dover far citazione di studi tecnico-scientifici della materia da manualistica all'uopo dedicata: *"Il D. Lgs. n. 276/2003 (artt. 48 ss.) prevede per un futuro prossimo la sostituzione del contratto di "apprendistato classico" con una trilogia di tipi contrattuali tutti denominati "apprendistato": del I tipo, per l'espletamento del diritto-dovere di istruzione e formazione; del II tipo, professionalizzante; del III tipo, per l'acquisizione di un diploma o per corsi di alta formazione.*

L'apprendistato per l'espletamento del diritto-dovere di istruzione e formazione (art.48 cit.), deve essere letto in stretto collegamento con la riforma della scuola (c.d. Riforma Moratti L. n. 53/2003) e dovrebbe costituire un'alternativa alla frequenza di un istituto di scuola media superiore. La stipulazione di questo contratto consente al minore di entrare nel mondo del lavoro e contemporaneamente di adempiere ai propri obblighi formativi. Possono essere assunti giovani di età compresa fra i 15 ed i 18 anni e la durata massima del contratto è di 3 anni, purché sempre all'interno del limite massimo di età. Quanto alla formazione da erogare agli apprendisti, poiché questo tipo contrattuale si inserisce nell'alternanza istruzione/formazione, il legislatore nazionale rinvia quasi completamente alle norme regionali"[2]

Capiamo bene che, a differenza delle altre due tipologie contrattuali d'apprendistati, questa prima non è compatibile con le intenzioni sofiocratiche dell'obbligo di maturità, in quanto, e non è difficile dedurlo, non è possibile per un lavoratore raggiungere il livello minimo di concentrazione per lo studio di tematiche non di facile comprensione come la filosofia, l'economia ed il diritto.

Qualsiasi contratto di apprendistato deve esulare da qualsivoglia interferenza con il sacro impegno dello studio medio superiore (ed universitario). Mentre quindi sono d'accogliere i contratti di lavoro part-time, estivo, week-end, saltuario, etc., sono da respingere quelle forme contrattuali che pretendono di sostituirsi al ruolo fondamentale civico sociale dell'istruzione scolastica.

[2] F. CARINCI, F. DE LUCA TAMAJO, P. TOSI, T. TREU – *Diritto del Lavoro 2. Il rapporto di lavoro subordinato,* SESTA EDIZIONE, cit. 383-384

10. Obbligo formativo penitenziario

La Legge sull'Ordinamento Penitenziario n. 354 del 26 Luglio 1975 ricomprende fra gli obblighi del detenuto quello di istruzione, del disimpegno di attività culturali e ricreative.

Ai fini della rieducazione e della risocializzazione del detenuto in quanto reo è più che apprezzabile l'intento dell'ordinamento nel predisporre l'obbligo del raggiungimento almeno degli anni obbligatori di scolarità, al fine di far a questo riacquisire il rispetto dei valori tutelati dall'ordinamento, inducendolo ad astenersi, per il tramite dello scopo specialpreventivo della pena detentiva, dal commettere nuovamente lesioni del tessuto giuridico dell'ordinamento.

Qui il vento sofiocratico si limiterebbe ad innalzare l'obbligo formativo, entro gli istituti di pena, al conseguimento del titolo di studio medio superiore (la c.d. maturità), per poi agevolare fortemente, anche con meccanismi premiali surrogativi al lavoro obbligatorio, il conseguimenti del titolo di studio universitario ovvero accademico ovvero d'altra istituzione d'alta cultura (la c.d. Laurea).

Se tale orientamento politico ha la meritevolezza di indirizzare i cittadini onesti allo studio medio superiore ed universitario, a maggior ragione indirizzerà i risocializzandi e rieducandi in siffatta direzione ed a tal guisa.

11. Dialoghi sulla Sofiocrazia

Ecco qui un dialogo tra uno scettico ed un sofiocratico. Invito chiunque sulla base dei principi democratici o sofiocratici a pormi domande sull'argomento, sono felice di rispondere.

A: Cosa è la Sofiocrazia?

B: La Sofiocrazia è la nazionalizzazione della missione del dotto fichtiana.

A: A cosa serve?

B: Ha lo scopo di innalzare il livello culturale di tutto il paese.

A: Perché?

B: Affinché un paese, in cui la sovranità appartiene al popolo, veda dei governanti eletti da persone consapevoli e coscienti della giusta scelta.

A: Cosa è la giusta scelta?

B: Consiste nel voto sulla base della conoscenza della storia, della filosofia, e della giustizia.

A: Perché la conoscenza di queste discipline dovrebbe conseguire giustizia al voto?

B: Perché il colto elettore ordinario non voterebbe mai fazioni o partiti politici che hanno precedenti storici, o si basano su ragioni, che la storia ha dimostrato antidemocratiche, ciniche, egoistiche, amorali, discriminatorie, asociali, in definitiva, sbagliate.

A: Come funziona la Sofiocrazia?

B: Con tre provvedimenti d'ordine politico.

A: Quale sarebbe il primo provvedimento?

B: Il provvedimenti relativo all'istruzione nazionale.

A: In cosa consiste?

B: Vietare il riconoscimento ad ogni forma di titolo d'istruzione privato o parificato; attribuire la presidenza del Consiglio al Ministro della pubblica istruzione, dell'Università e della Ricerca; sottrarre metà della retribuzione ai parlamentari ed al Governo e convergerla all'Istruzione, all'Università ed alla Ricerca; portare la scuola obbligatoria da otto a sedici anni con lo scopo della maturità d'istruzione secondaria superiore obbligatoria; inserire la disciplina filosofica in tutte le scuole; costo zero per l'istruzione e borse di studio per i meritevoli; dare la possibilità a chiunque di raggiungere i livelli più alti di studio universitario, accademico, e d'istituzioni d'alta cultura.

A: Ma i parlamentari non potrebbero opporsi a questo primo provvedimento facendo entrare in crisi il sistema?

B: No, perché in uno Stato sofiocratico ogni individuo è passato per il processo di sofiocratizzazione, in modo tale che la coscienza di ognuno riconosca legittimità e giustizia in questo stato di circostanze.

A: In che modo? Non è una visione irrealizzabile?

B: Il modo è semplice, e ne compete il secondo provvedimento; comunque no, la realizzazione di uno Stato siffatto è il risultato di un processo senza il quale non si potrebbe realizzare la sofiocrazia, ed il processo è realizzabile: basta volerlo.

A: Come sarebbe realizzabile il processo indispensabile? E come, invece, il secondo provvedimento?

B: Processo indispensabile e secondo provvedimento sono una cosa sola: modificare la legge elettorale passiva.

A: Verso quale direzione?

B: Porre prerequisiti sofiocratici per la candidatura.

A: Di che genere?

B: I candidati a Deputato devono essere titolari di una pubblica Laurea in Giurisprudenza e prudenza in diritto parlamentare; i candidati a Senatore devono essere titolari di una pubblica Laurea in Giurisprudenza e prudenza in diritto parlamentare, una pubblica Laurea in Economia e Commercio, ed una pubblica Laurea in Storia e Filosofia; i Ministri, per poter essere nominati, devono essere titolari di una pubblica Laurea in Giurisprudenza e prudenza in diritto parlamentare, una pubblica Laurea nella disciplina relativa all'ufficio ministeriale corrispondente, una pubblica abilitazione alla relativa professione, ed un numero minimo di anni d'esercizio della professione.

A: Non sarebbe antidemocratico? Non tutti così potrebbero aspirare alle più alte cariche dello Stato, o sbaglio?

B: L'efficacia del provvedimento non è retroattiva: i Parlamentari ed i Ministri devono essere nati dopo l'introduzione della legge per poter rientrare nella disciplina (il che comporta che avremmo circa 40 anni per prepararci ad una Sofiocrazia); la democrazia è insita nella Sofiocrazia poiché a tutti viene data la possibilità a costo zero di conseguire i prerequisiti indispensabili per la candidatura e la nomina; in ogni caso una Sofiocrazia vuole la sovranità della conoscenza, e non del popolo (come vuole la democrazia), ma in una società sofiocratica in cui tutti godono dei titoli obbligatori si ha per deduzione una "democrazia rafforzata", cioè una democrazia in cui gli elettori sfruttano al 100% il proprio voto, sentito fino in fondo in quanto frutto di elaborazione speculativa di un pensiero colto. La politica resta tale e quale, l'unica differenza è che in una Sofiocrazia i politici sono dotti, colti, idonei all'ufficio di competenza più di una democrazia.

A: Ma così un agricoltore che non studi non potrebbe divenire mai Ministro?

B: Un agricoltore studierebbe se volesse divenire Ministro, perché è prerequisito indispensabile dalla sua nascita.

A: Una volta compreso il primo ed il secondo provvedimento, in cosa consiste il terzo?

B: A questo punto il terzo provvedimento si comprende come sia relativo alla riforma dell'elettorato attivo: la capacità pubblica d'agire, quindi p.es.: la capacità di voto alla Camera dei Deputati, si acquista, non più con la maggiore età, ma con la titolarità di un valido pubblico titolo generico di maturità che, obbligatorio, si sostituisce alla maggiore età; per la capacità di voto al Senato è invece necessario un valido pubblico titolo generico di Laurea quinquennale o specialistica (sostituendo i 25 anni).

A: Anche ad ammettere l'obbligatorietà dell'istruzione, che succede a chi non consegue (per un motivo o per un altro) la maturità e la Laurea?

B: Anche se gli episodi di abbandono degli studi dovrebbero diminuire per la natura obbligatoria, e per la configurazione politica statale, chi non consegue la maturità subisce una sanzione pecuniaria proporzionale al reddito familiare, e non gode della capacità pubblica d'agire (p.es.: votare per la Camera dei Deputati); chi non consegue la Laurea non potrà votare per il Senato.

A: Ma questo è assolutamente antidemocratico! Come si può permettere uno Stato del genere?

B: Considerando il quorum per le elezioni, l'obbligo dell'istruzione, il costo zero degli studi, il progresso scientifico e tecnologico, il tasso di alfabetizzazione in progressivo aumento, il tasso di analfabetismo in netta estinzione, l'estensione della cultura all'intero Stato, l'applicazione della riforma fra circa 40 anni, la sostituzione dei lavori manuali con le macchine tecnologiche, no, non è un sistema antidemocratico.

A: Sì, ma in ogni caso è un sistema che non si basa su principi democratici, o sbaglio?

B: Se la filosofia e la storia e la conoscenza generica non portano alla vera democrazia migliore allora la Sofiocrazia non avrebbe senso! La democrazia vuole potere al popolo (indipendentemente dal suo orientamento), la sofiocrazia vuole potere alla conoscenza, alla logica, all'intelligenza, alla morale, alla solidarietà, all'altruismo. Se una democrazia nello scorso secolo legittimamente ha dato potere ad Adolf Hitler, una sofiocrazia non potrebbe mai fare un errore del genere, non potrebbe mai commettere errori tali, non potrebbe mai degenerare in una dittatura o in totalitarismo. La Sofiocrazia sarebbe più giusta della democrazia stessa!

12. Costituzione della Repubblica Sofiocratica

Ecco alcune modifiche alla Costituzione Italiana nel caso di un provvedimento di revisione costituzionale per una Repubblica Sofiocratica.

Art. 1 L'Italia è una Repubblica Sofiocratica fondata sullo scibile.

La sovranità appartiene alla conoscenza, che la esercita nelle forme e nei limiti della Costituzione.

Art. 9 La Repubblica promuove lo sviluppo della cultura e la ricerca scientifica e tecnica ponendolo come obbiettivo principale della forma di governo. Tutela il paesaggio ed il patrimonio storico ed artistico della nazione.

Art. 34 La scuola è aperta a tutti.

L'istruzione inferiore e superiore, impartita per almeno sedici anni, è obbligatoria e gratuita.

Ognuno, anche se privo di mezzi, ha diritto di raggiungere i gradi degli studi universitari, accademici, e delle istituzioni di alta cultura.

La Repubblica rende effettivo questo diritto con borse di studio, assegni agli studenti ed altre provvidenze, che devono essere attribuite per merito.

Art. 48 Sono elettori tutti i cittadini italiani, uomini e donne, che sono possessori di un valido pubblico titolo di maturità scolastica.

Il voto è personale [...] indicati dalla legge.

Art. 49 Tutti i cittadini hanno diritto di associarsi in partiti per concorrere con metodo sociocratico a determinare la politica nazionale.

Art. 56 [...] Sono eleggibili a deputati tutti gli elettori possessori di un valido pubblico titolo di Laurea in Giurisprudenza.

[...]

Art. 58 I Senatori sono eletti a suffragio universale e diretto dagli elettori possessori di un valido pubblico titolo generico di Laurea.

Sono eleggibili a Senatori gli elettori possessori dei validi pubblici titoli di Laurea in Giurisprudenza, Filosofia, Storia ed Economia e Commercio, tutte insieme prerequisiti indispensabili.

Art. 84 Può essere eletto presidente della Repubblica ogni cittadino che abbia ii prerequisiti sofiocratici di Senatore e goda dei diritti civili e politici.

[...]

Art. 92 [...]

Il Presidente della Repubblica nomina il Presidente del Consiglio dei Ministri e, su proposta di questo, i Ministri.

I prerequisiti per essere nominato Presidente del Consiglio dei Ministri sono i medesimi per essere eletto Senatore.

I prerequisiti per essere proposto alla nomina di Ministro consistono nel personale possesso dei validi titoli pubblici di Laurea in Giurisprudenza ed in Laurea idonea e relativa all'ufficio ministeriale corrispondente.

CAPITOLO SECONDO

13. L'attuale sistema dell'UE agli occhi della Sofiocrazia

L'Unione Europea è un sistema politico che sfrutta la cogenza (i.e. il vincolo) del Diritto Internazionale per imporre al popolo inerme un provvedimento privo di legittimazione democratica, bypassando paradossalmente il principio del "*No taxation without representation*" all'interno di un contesto ove invece ci si vanta di essere gli inventori della Democrazia parlamentare.

Secondo il Diritto Internazionale (sistema rimasto fermo alla pace di Westfalia) ciò che uno Stato (*rectius*: un Re/Principe di uno Regno/Nazione) si obbliga ad adempiere nei confronti di un altro Stato, deve essere rispettato ad ogni costo (Secondo il principio consuetudinario "*Pacta sunt servanda*"), anche a sacrificio dell'iter legislativo democratico interno di uno Stato, poiché per il Diritto Internazionale poco importa che un Paese sia democratico, abbia la separazione de poteri, abbia un Parlamento, o segua un iter legislativo: deve adempiere in quanto soggetto del Diritto Internazionale.

Per il Diritto Internazionale, i parlamenti interni non esistono: questo diritto sorge in un clima ove i contraenti erano i Re ed i Signori, monarchi ed imperatori di una società autarchica, autoritaria, medioevale o tardomedioevale.

Lo Stato che si impegna con un trattato internazionale, deve adempiere al proprio obbligo, al fine di non esser soggetto di meccanismi di autotutela, contromisure, restrizioni, etc. Se un gruppo di Governi si riunisce ad un tavolo, mettendo nero su bianco i diversi orientamenti politici spacciandolo per trattato internazionale, questi entreranno in vigore (peggio ancora se sono dotati di *self-executiness:* autoapplicazione se sufficientemente chiaro ed immediatamente eseguibile) senza legittimazione democratica, bypassando i parlamenti, in tutti gli Stati membri dell'accordo.

Deferire ad un Governo una delega in bianco (in Italia incostituzionale) viola il principio della separazione dei poteri; far vigere un provvedimento del Governo di rango legislativo, senza che il Parlamento si sia espresso con convalida o ratifica (in Italia incostituzionale) viola il principio della separazione dei poteri; eludere l'iter legislativo secondo il quale è il Parlamento a dover esprimersi con atti di rango legislativo (in Italia non osservando gli artt. 70 e 71 Cost.) viola il principio della separazione dei poteri.

Il Consiglio dell'Unione Europea (formato dai rappresentanti dei Governi degli Stati membri) ha in sostanza una continua delega in bianco nel realizzare Regolamenti, Direttive e Decisioni, validi per tutti gli Stati; non esiste un Parlamento nell'Unione Europea nel senso democratico del termine (in quanto quello esistente non ha funzioni procedurali ma consiliative); elude l'iter legislativo secondo il quale è il Parlamento a dover esprimersi con atti di rango legislativo.

L'Unione Europea è un meccanismo secondo il quale i governi fanno ciò che vogliono senza dover chiedere l'autorizzazione ai parlamenti nazionali; non esiste una norma secondo la quale i Governi possono essere sfiduciati perché semplicemente adempienti di un accordo internazionale (anzi è di rango costituzionale la norma secondo la quale gli Stati devono adempiere ai trattati internazionali).

14. L'attuale procedura di liberalizzazione agli occhi della Sofiocrazia

La liberalizzazione è un meccanismo secondo il quale vengono abrogate le norme di circoscrizione dell'agire finanziario dei professionisti, datori di lavoro ed imprenditori, al fine di ottimizzare i profitti ed il lucro, sacrificare l'equità sociale a fronte dell'efficienza produttiva, preferendo il massimo per pochi, al medio per tutti.

In una società di lavoratori subordinati, ed in una Repubblica fondata sul lavoro, l'interesse meritorio primariamente meritevole di tutela è quello di tali lavoratori, contraenti deboli del contratto di lavoro subordinato, aggrappati al lavoro come unico sostentamento per se stessi e per la propria famiglia. L'unica tutela per questi ultimi non può che essere lo Stato, che, concertando con i sindacati dei lavoratori, può realizzare le normative restrittive dell'operato dei datori, al fine di tutelare la posizione di tali contraenti deboli, secondo un criterio d'equità verticale.

Deregolamentando il contratto di lavoro subordinato dalla sua fattispecie speciale, sottraendo la tutela dei contraenti deboli (tutela reale che è propria dell'art. 18 dello Statuto del Lavoratori, Legge n. 300/1970), si abbandonano i lavoratori alla temperie del mercato del lavoro ed alla mano invisibile, alimentando gli interessi dei soli imprenditori, secondo logiche finalizzate all'ottimizzazione del profitto e non alla equalizzazione dell'equilibrio sociale.

La deregolamentazione del mercato del lavoro nuoce gravemente alla società, alla stragrande maggioranza della società, quella formata dai lavoratori.

15. L'attuale politica internazionale mondiale agli occhi della Sofiocrazia

La concorrenza internazionale è un meccanismo attraverso il quale sfruttando il pretesto dell'esigenza di competitività delle imprese nazionali su quelle estere, si impongono (seguendo la logica del profitto d matrice liberalizzatrice) standard di tutela per i dipendenti delle imprese al ribasso, deregolamentando i sistemi garantistici dei lavoratori subordinati privandoli delle tutele reali, assottigliandone gli stipendi (o salari per gli operai), al fine di ridurre i costi di produzione delle aziende, realizzando il favore dei soli imprenditori, sacrificando quello della stragrande maggioranza della popolazione: i lavoratori subordinati.

Il lobby ha raggiunto meccanismi latenti e contorti: la concorrenza internazionale, portatrice di forza del proprio titolo di Stato (o della moneta nazionale ove non sia l'Euro), è l'esito di questa prassi. Sfruttare la scusa della concorrenza ha portato al sacrificio sull'altare dell'efficienza la tutela del lavoro e l'equità sociale: i possidenti, pur di avere più di quanto hanno, sono disposti a togliere quel poco a chi vive del proprio lavoro per sfamare se stessi e la propria famiglia.

L'Unione Europea (Unione dei Governi del territorio europeo) obbliga gli stati a rispettare le direttive, e fa eseguire i regolamenti, condannando gli inadempienti, al rispetto dei principi di Concorrenza Internazionale.

L'Unione Europea obbliga a decimare, se non eliminare definitivamente, le tutele e le garanzie dei lavoratori, a vantaggio delle imprese, degli imprenditori, del lucro, del profitto. L'Unione Europea persegue una politica oligarchica e non democratica. La concorrenza internazionale abbatte le difese dei lavoratori, costringendoli alla fame ed al precariato.

16. Il precariato per la Sofiocrazia

Il precariato è un'invenzione dei liberisti secondo la quale vengono eluse o bypassate le tutele dei lavoratori se esistenti, al fine di ottimizzare i profitti e perseguire scopi lucrativi, riformando il Diritto del Lavoro costruendolo a tutela dell'imprenditore e non più del lavoratore, nonché depotenziando i sindacati.

Pensavo di studiare un Diritto del Lavoro che fosse a vantaggio e tutela del lavoratore, e non dell'impresa; ma non leggo altro che tutele e garanzie all'imprenditore (che neanche più datore viene chiamato), e mero precariato per i lavoratori. Ma dove sono i sindacati, gli scioperi e le proteste di piazza?

Ove non è stato possibile aggredire i lavoratori subordinati tutelati dalla Legge n. 300/1970 è stato inventato il lavoro flessibile, elastico, a progetto, a termine, etc. Per non parlare del lavoro interinale, delle agenzie di somministrazione, e così via. La tutela del lavoro è stata sostituita dalla tutela dell'Impresa.

L'Italia è divenuta una Repubblica fondata sull'impresa, ovvero in altri termini, a ragion di logica liberalizzatrice, sul lavoro precario, interinale, incerto. L'assenza di una cultura giuridica di base nelle scuole secondarie e l'assenza dell'obbligo formativo fino al diploma fanno del popolo italiano un soggetto passivo, e manovrabile a piacimento.

Lo spirito della Costituzione è stato tradito! Lo Statuto dei Lavoratori è stato marginalizzato! Riformare l'art. 41 Cost. sarebbe il definitivo colpo di grazia al nostro paese e le spinte capitalistiche europee ci schiacceranno.

17. La BCE agli occhi della Sofiocrazia

La Banca Centrale Europea (BCE) è una Banca privata gestita da individui che nel proprio stato ricoprono la carica di Governatore della propria Banca Nazionale, ma che è assolutamente svincolata da qualsivoglia controllo giuridico, politico e democratico: non è soggetta ad alcuna giurisdizione, non risponde a nessun governo o parlamento, non può essere condannata da nessun giudice o corte di giustizia (se non per gli atti ufficiali), non rientra nella disciplina dei Trattati dell'UE (né nella novella di Lisbona), è priva di legittimità democratica, vendendo moneta ad alcuni degli Stati membri dell'UE (*Euroland*) a caro prezzo, lucrando e profittando sul differenziale tra valore estrinseco della moneta e prezzo di vendita maggiorato della stessa implementando il debito pubblico, vietando la stampa di nuova moneta ai paesi che ne hanno necessità conducendoli al tracollo finanziario.

Alla Banca Centrale Europea è affidata la gestione della politica monetaria della zona Euro (Euroland), benché paradossalmente la politica economica resta di competenza dei singoli Stati (che la concertano di comune accordo ad un tavolo, facendone venir fuori sempre un accordo internazionale vincolante per chiunque). Il Trattato sul funzionamento dell'UE attribuisce alla BCE una personalità giuridica (di diritto interno, non già esterno in quanto sarebbe norma *ultra vires*) distinta rispetto a quella dell'UE e dispone che la BCE è indipendente, nell'esercizio dei suoi poteri e nella gestione delle sue finanze, da istituzioni, organi ed organismi dell'UE, nonché dai governi degli Stati membri.

L'UE si deresponsabilizza per i danni extracontrattuali eventualmente cagionati dalla stessa BCE per la quale si invoca una responsabilità separata. La BCE ha rivendicato un suo *jus contrahendi* di Diritto Internazionale, a cagion del fatto che vuol considerarsi soggetto di Diritto Internazionale scisso dall'UE (benché gli Stati sono obbligati a riconoscerla nel Diritto Interno).

La BCE ha preteso di sottrarsi ai poteri d'indagine conferiti dal Regolamento n. 1073/99 all'Organismo Anti Frode Comunitario (OLAF), pretesa motivata dal particolare *status* di cui godrebbe la BCE. La Corte di Giustizia, il 10 Luglio 2003 (causa C-11/00, *Commissione c. BCE),* non ha fornito chiarimenti definitivi al riguardo. L'inserimento della BCE nel quadro istituzionale dell'UE appare una soluzione alquanto ibrida alimentando il *deficit* democratico.

Il Signoraggio è di casa: questa Banca distribuisce moneta agli stati ad un prezzo che è quello il cui risultato vien fuori dalla somma del valore della moneta più il costo di produzione (p.es.: per acquistare 100,00€ gli Stati devono pagare 101,00€). In questo modo il debito pubblico può solo salire, e mai scendere, poiché domanda di moneta e debito pubblico non sono in *trade off* (non inversamente proporzionali).

Già chi mastica di rudimenti di Economia sa che Politica Economica e Politica Monetaria vengono stabiliti da una stessa mano: la BCE (svincolata da qualsivoglia governo, sia esso europeo o dei singoli Stati) possiede la competenza esclusiva in Politica Monetaria di Euroland: gli Stati devono arrangiarsi ad andarle appresso, e chi resta indietro è perduto.

A differenza di quello che possa accadere negli USA, ove la Federal Bank Reserve è Banca centrale dello Stato Federale, la BCE non rispecchia uno stato federale: si parla di federalismo strisciante, di federalismo funzionale, in sintesi: di opportunismo. Non pensate che i Paesi dell'UE siano in mano al popolo. Ove si stabiliscono le sorti dell'Europa, degli interessi dei lavoratori e del popolo non se ne sente parlare. I banchieri sono i padroni, che prestando denaro agli Stati in deficit, li tengono in pugno da secoli, in ogni parte del mondo, soprattutto in Europa.

18. La crisi Economica d'oggi vista agli occhi della Sofiocrazia

La crisi dell'Economia è il normale risultato della discrasia esistente fra Politica Economica e Politica Monetaria in un contesto giuridico ed economico ove il riparto di competenze del potere pubblico sia stato privatizzato, ove la gestione della cosa pubblica sia stata imprenditorializzata, ove la *governance* multilivello abbia una matrice opportunistica e liberalistica, ove i governanti veri sono i banchieri (gli unici ad arricchirsi), ove sia introdotta una moneta che non risponda alle esigenze di aumento dell'offerta d'essa, ove le tutele del lavoro siano state marginalizzate, eluse, sminuite, svalorizzate, ove chi governa siede ad un tavolo a composizione, suffragio, ed interessi di stampo oligarchico.

L'Euro non è una moneta statale: ciascuno Stato dovrebbe avere una moneta da utilizzare come strumento per finanziare il debito mediante l'aumento dell'offerta di essa. Se la gestione della moneta non appartiene al Governo, questo non può far fronte all'inflazione. La Politica Monetaria è stata deferita ad un ente autonomo, ed i Governi non sono capaci di sostenere la crisi in quanto non sono più padroni in casa. Chi stabilisce la Politica Monetaria dell'Euro non è subordinato a nessun governo, non è legittimato da nessun parlamento, non è eletto da nessun popolo.

L'Economia europea è solo lo spazio ludico di banchieri ed imprenditori, che, sfruttando la pressione politica sulla concertazione internazionale europea, incrementano le proprie finanze.

I cittadini dei singoli Stati europei, di comunitario, di europeo, hanno in comune la sola fregatura, il solo debito, il solo disavanzo.

La privatizzazione della pubblica amministrazione ha eliminato la sicurezza del P.I. e della struttura pubblica; la riforma del diritto del lavoro ha depotenziato l'unico strumento di tutela dei lavoratori subordinati; la creazione delle forme flessibili ed elastiche di lavoro, nonché la somministrazione, ha solo avvantaggiato l'impresa e l'organizzazione economica eludendo 2° e 3° comma dell'art. 41 Cost., tradendo l'art. 1.

Cosa giustifica il fatto che chi governa un popolo di lavoratori in una Repubblica fondata sul lavoro sia un manipolo di banchieri ed imprenditori? Come si spiega questa incongruenza? Perché non curare il *deficit* democratico europeo? Perché liberalizzare, se la liberalizzazione nuoce alla stragrande maggioranza della popolazione, ch'è formata di lavoratori?

La liberalizzazione del mercato del lavoro è il peggiore dei mali su questa terra: scaraventa i lavoratori nella temperie dell'insicurezza, del precariato, dell'instabilità, eliminando qualsivoglia spiraglio di sicurezza e stabilità. Aumenta la differenza tra ricchi e poveri. I pochi imprenditori si arricchiscono sempre di più, ed i tanti lavoratori s'impoveriscono sempre più.

Cosa ci vieta di aprire gli occhi?

www.ingramcontent.com/pod-product-compliance
Ingram Content Group UK Ltd.
Pitfield, Milton Keynes, MK11 3LW, UK
UKHW021101290826
14628UKWH00014B/43

9 780244 864613